En el jardín

Comparando números

Jane Gould

Asesoras

Chandra C. Prough, M.S.Ed.
National Board Certified
Newport-Mesa
Unified School District

Jodene Smith, M.A.
ABC Unified School District

Créditos

Dona Herweck Rice, *Gerente de redacción*
Robin Erickson, *Directora de diseño y producción*
Lee Aucoin, *Directora creativa*
Conni Medina, M.A.Ed., *Directora editorial*
Rosie Orozco-Robles, *Editora asociada de educación*
Neri Garcia, *Diseñador principal*
Stephanie Reid, *Editora de fotos*
Don Tran, *Diseñador*
Rachelle Cracchiolo, M.S.Ed., *Editora comercial*

Créditos de las imágenes

p.12 craftvision/iStockphoto; p.17 Vasyl Helevachuk/Dreamstime; All other images: Shutterstock

Teacher Created Materials
5301 Oceanus Drive
Huntington Beach, CA 92649-1030
http://www.tcmpub.com

ISBN 978-1-4333-4391-9

Tabla de contenido

¿Cuántas?

2 abejas

¿Cuántas?

4 moscas

4 es **mayor** que 2.

¿Cuántas?

4 manzanas

¿Cuántas?

5 naranjas

5 es mayor que 4.

¿Cuántos?

2 conejos

¿Cuántos?

8 escarabajos

8 es mayor que 2.

¿Cuántas?

3 vainas de chícharos

¿Cuántas?

2 mazorcas de maíz

2 es menor que 3.

¿Cuántas?

6 mariquitas

¿Cuántos?

3 caracoles

3 es menor que 6.

¿Cuántas?

10 zanahorias

¿Cuántos?

5 tomates

5 es menor que 10.

¿Cuántos?

3 saltamontes

¿Cuántas?

3 lombrices

3 es **igual** a 3.

¿Cuántos?

7 tulipanes

¿Cuántas?

7 rosas

7 es igual a 7.

¿Cuántas?

9 polillas

¿Cuántas?

9 hormigas

9 es igual a 9.

Hay más mariquitas
que hormigas.

4

2

Hay menos conejos
que colibrís.

Hay igual cantidad de polillas y lagartijas.

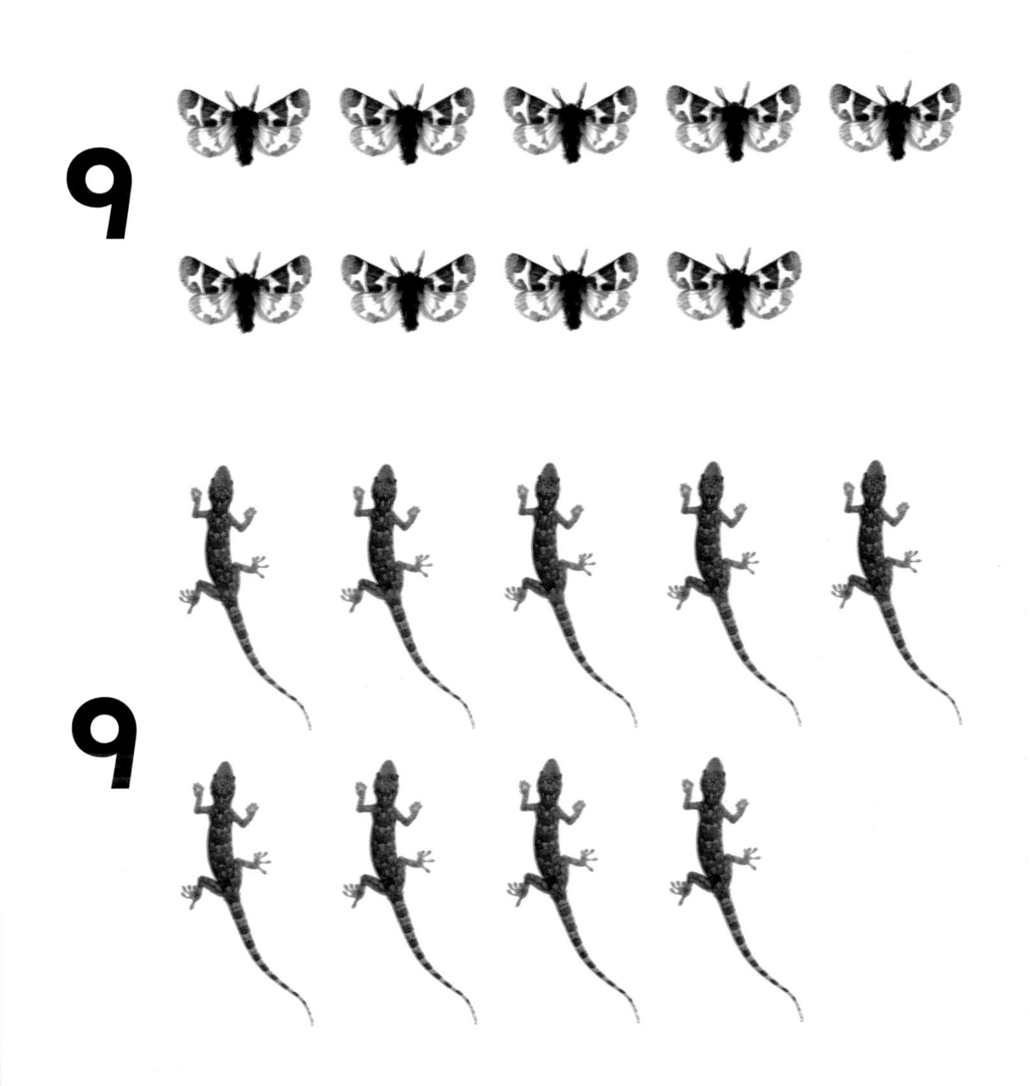

¡INTÉNTALO!

Cuenta las abejas.

Cuenta las arañas.

¿Hay más abejas o arañas?

¡INTÉNTALO!

¿Cuántas mariposas hay?

1. Señala el grupo que tiene igual cantidad.
2. Señala el grupo que tiene menos.
3. Señala el grupo que tiene más.

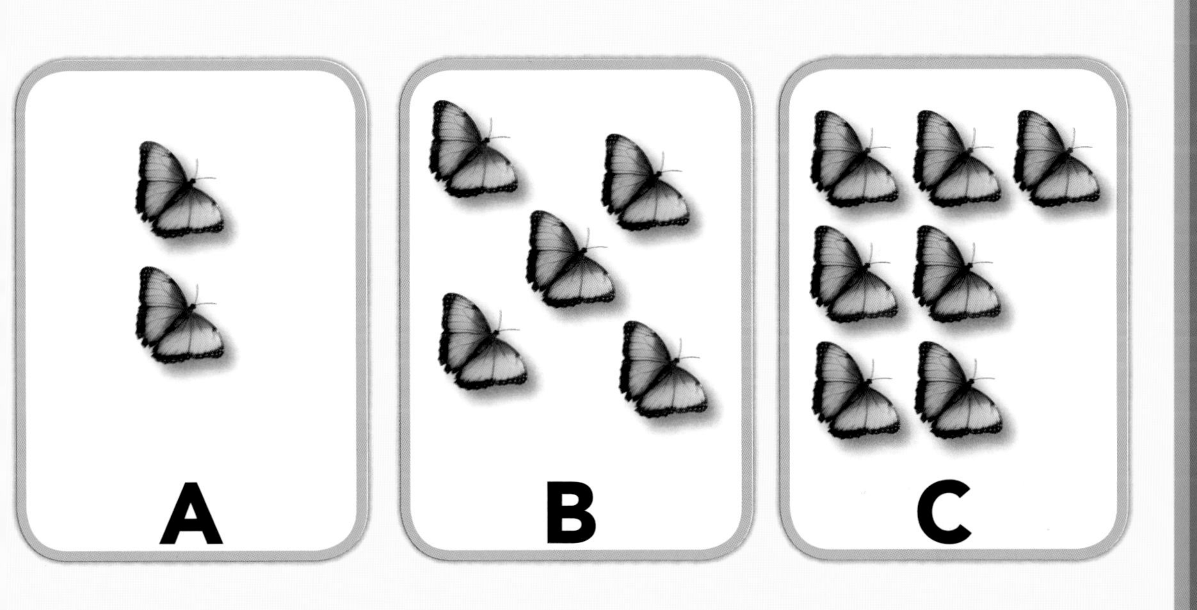

RESUELVE EL PROBLEMA

¿Quién tiene más?
¿Quién tiene menos?

Materiales
- ✓ tarjetas numeradas del 0 a 10
- ✓ bloques

1. Trabaja con un amigo.
2. Elige una tarjeta numerada.
3. Cuenta esa cantidad de bloques y apílalos.
4. ¿Quién tiene más bloques? ¿Quién tiene menos?

Glosario

igual—la misma cantidad

más—un número o cantidad mayor

mayor—una cantidad más grande

menor—un número o cantidad más pequeña

RESPUESTAS

¡Inténtalo!

Página 24:
5 abejas; 2 arañas

Página 25:
Hay más abejas que arañas.

Página 26
5 mariposas.

Página 27

1. B

2. A

3. C

Resuelve el problema

Las respuestas pueden variar.